001

002

003

004

005

006

007

008

009

010

011

012

013

014

015

016

017

018

019

020

021

022

023

024

025

026

027

028

029

030

031

032

MENU

033

034

035

036

037

038

039

040

041

042

043

044

045

046

047

048

049

050

051

052

053

054

055

056

057

058

059

060

POONA
HOTEL

061

062

063

064

065

066

067

068

069

070

071

072

073

074

075

076

077

078

079

080

081

082

083

084

085

086

087

088

089

090

091

092

093

094

095

096

097

098

099

100

101

102

103

104

105

106

107

108

109

110

111

123
124
125
126
127
128
129
130
131
132
133
134
135
136
137
138
139
140
141
142
143
144
145
146
147
148
149
150

151

152

153

154

155

156

157

158

159

160

161

162

163

164

165

166

167

168

169

170

171

172

173

174

175

176

177

178

179

180

181

182

183 184

185

HUGHES'
FAMILY SCALE
Nº 48

186

187

188

189

190

191

JOHN CHATILLON & SONS
NEW YORK
SPRING BALANCE

WARRANTED
ACCURATE
AMERICAN & FOREIGN
PATENTS PENDING

192

193

194

195

196

197

198

BUFFALO

199

200

201

202

203

204

205

206

207

208

I BUSHEL

209

210

211

212

213

214

215

216

217

218

219

220

221

222

223

224

225

226

227

228

229

230

231

232

233

234

235

236

237

238

239

240

241

242

243

244

245

246

247

248

249

250

251

275

276

277

278

279

280

281

282

283

284

285

286

287

288

289

290

291

324

325

326

327

328

329

330

331

332

333

334

335

336

337

338

339

340

341 HYACINTHS.

342 WM MARPLES & SONS

343

344

345

346 THE NATIONAL

347

348 1889 BURPEE'S

349 EUREKA GARDEN HOSE

350 WM & S

351 W.M.&S.

352

353

354

355 PHILADELPHIA LAWN MOWER

356

357

358

359

360

361

362

363

364

365

366

367

368

369

370 371

372

373

374

376

SCHOLAR'S COMPANION

375

379

380

381

382

383

377

1889
WEDNESDAY
January
2

378

PAUL'S Mucilage

385

386

384

U.S.

FRONT

387

388

389

390

391

E. FABER'S U.S.A. COMET ERASER. No 1087.

LE PAGE'S LIQUID GLUE RUSSIA CEMENT FOR SALE EVERYWHERE

392

393

HIGGINS OFFICE PASTE FOR OFFICE AND GENERAL USE

394

395

396

AMERICAN GRAPHITE DIXON POLYGRADE PENCILS

DIXON'S AMERICAN GRAPHITE SM 106

Typewriter Oil

397

398

399

400

401

402

403

404

405

406

407

408

409

410

411

412

413

414

415

416

417

418

419

420

421

422

423

424

425

EXPOSED

426

427

428

430

429

431

432

433

434

435

436

437

438

439

440

441

442 OVER 3½ FEET LONG ONLY 99 CENTS

443

444

445

446

447

448

449

450

451

452

453

454

455

456

457

458

459

460

461

462

463

464

465

466

467

468

469

470

471

472

473

474

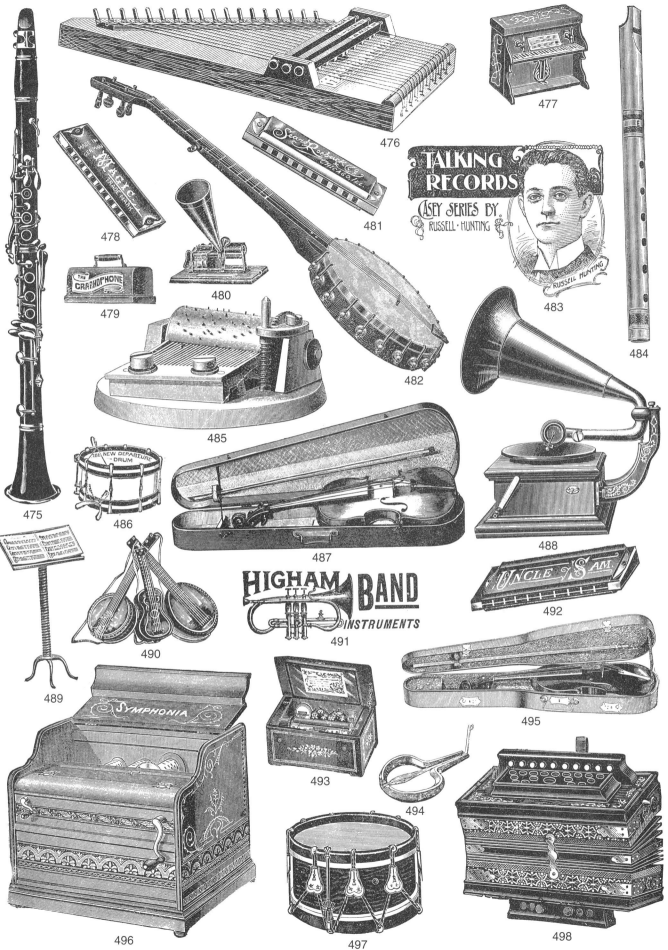

499

500

501

502

503

504

505

AMERICAN JACK STRAWS No.1

UNIVERSAL GAME COUNTER 8 5 GAMES POINTS FOR COUNTING UP TO 99 USE BOTH FIGURES

506

THE EVENING PARTY

507

508

VULCAN

509

510

511

I DON'T KNOW

512

513

514

515

516

517

518

519

520

521

522

523

525

526

527

528

524

529

530

531

532

533

534

535

536

537

538

539

540

541

542

543

544

545

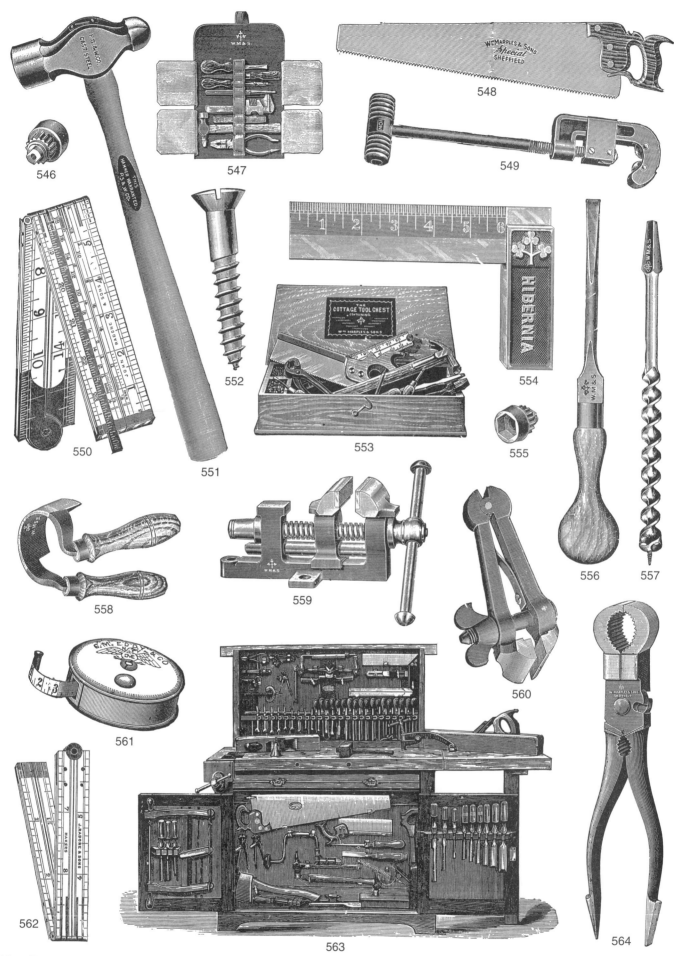

546

547

548

549

550

551

552

553

554

555

556

557

558

559

560

561

562

563

564

565

567

568

569

566

571

572

573

574

570

575

576

577

LETTERS

578

579

580

581

582

583

584

585

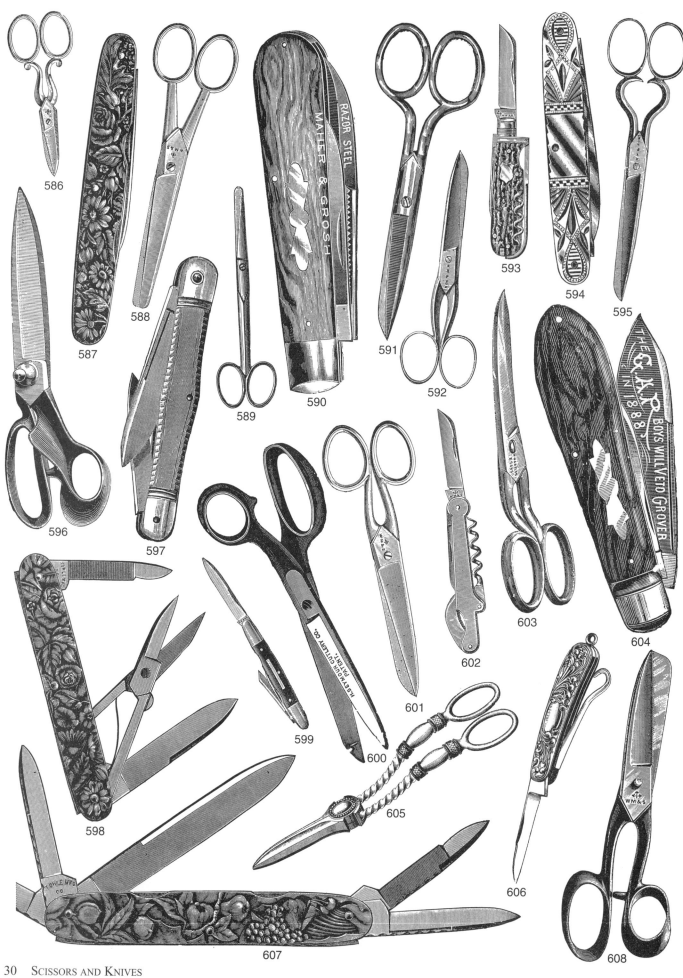

586

587

588

589

590

591

592

593

594

595

596

597

598

599

600

601

602

603

604

605

606

607

608

609

610

611

612

613

614

615

616

617

618

619

620

621

622

623

624

625

626

627

628

629

630

631

632

633

634

635

636

637

638

639

640

641

642

643

644

645

646

647

648

649

650

651

652

653

654

655

656

657

658

659

660

661

662

663

664

665

666

667

668

669

670

671

672

673

674

675

676

677

678

679

680

681

682

683

684

685

686

687

688

689

690

691

692

693

694

DREW SELBY & CO.

695

696

697

698

699

700

701

702

703

704

705

706

707

708

709

A Self Polishing Dressing FOR LADIES & CHILDREN'S BOOTS & SHOES.

BALMORAL

GLOSS

PRICE 6ᴰ

A BRILLIANT, NOT AFFECTED BY WEATHER. POLISH.

710

711

712

713

714

715

716

717

718

719

720

721

722

723

724

725

726

727

728

729

730

731

732

733

734

735

736

737

738

739

740

741

742

743

744

745

746

747

748

749

750

751

752

753

754

755

756

757

758

759

760

761

762

763

764

765

766

767

768

769

770

771

772

773

774

775

776

777

778

779

780

781

782

783

784

785

786

787

788

789

790

791

792

793

794

795

796

797

798

799

800

801

802

803

804

805

806

807

808

809

810

811

812

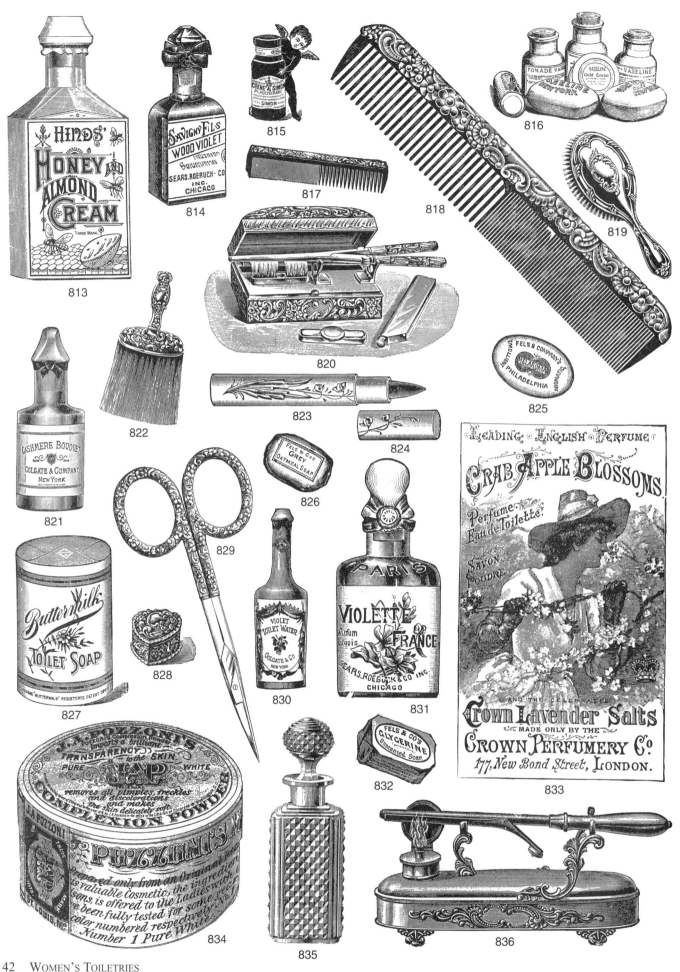

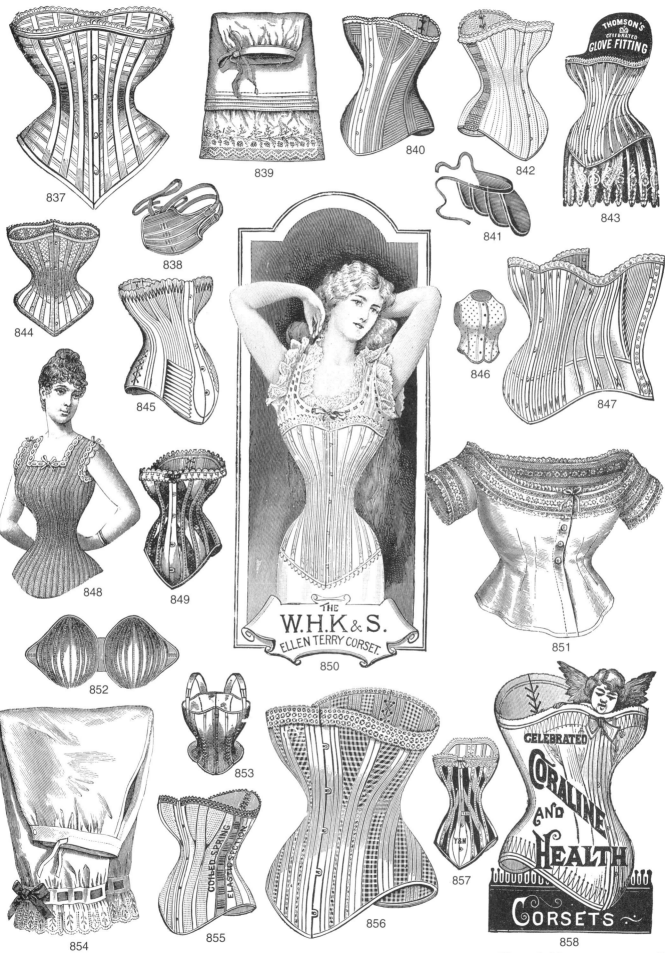

837

839

840

842

843

838

841

844

845

846

847

THE
W.H.K & S.
ELLEN TERRY CORSET.

848

849

850

851

852

853

854

855

COILED SPRING

ELASTIC SECTION

856

857

Y&N

858

CELEBRATED CORALINE AND HEALTH CORSETS

859

860

861

862

863

864

865

866

867

868

869

870

871

872

873

874

875

876

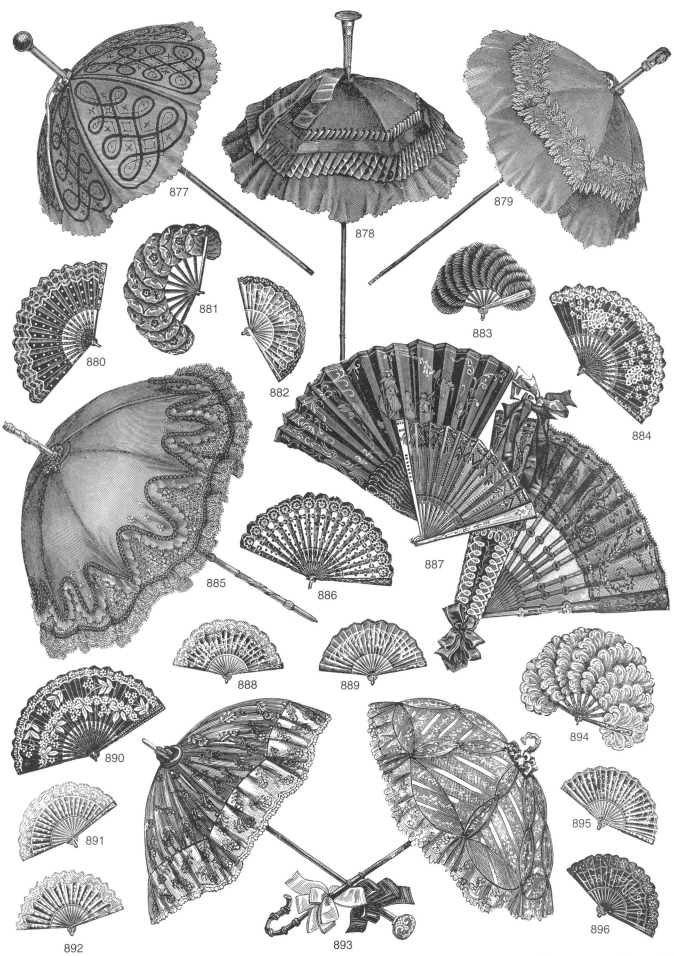

877

878

879

880

881

882

883

884

885

886

887

888

889

890

891

892

893

894

895

896

897

898

899

900

901

902

903

904

905

906

907

908

909

910

911

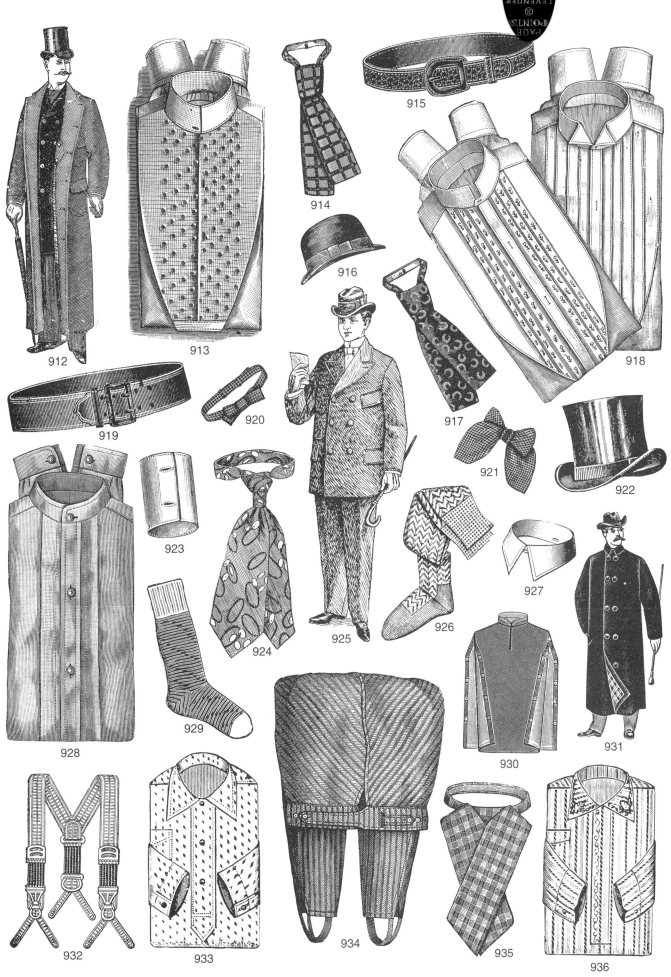

912

913

914

915

916

917

918

919

920

921

922

923

924

925

926

927

928

929

930

931

932

933

934

935

936

937

939

940

941

943

944

942

COMPANION UNION WEB HAMMOCK
GOOD LUCK

945

946

947

THE DELUSION
LOVELL MFG. CO. LIMITED. ERIE PA.
DELUSION MOUSE TRAP
PATENTED JULY 18, 1876, AND SEPT. 4 AND 25, 1877

948

949